RÈGLEMENTS, ORDONNANCES ET ARRÊTÉS

CONCERNANT LES EAUX DU LOIRET

Réglement du Prévost d'Orléans, pour la police des eaux du Loiret.

(15 septembre 1604.)

MOULIN DU PONT D'OLIVET.

1. Au moulin du pont d'Olivet, où est demeurant le dit Housseau, y a une roue et deux fausses brayes et à côté de la ditte roue deux joues, et sont d'avis que lorsque la roue du dit moulin sera arrêtée, il sera tenu de lever à demy une des fausses brayes de son dit moulin, lorsque les eaux sont basses, si elles sont hautes à haute voie.

Et au regard des dites joues, que l'une d'icelle doit être ôtée, et l'autre étant fendue en deux pourra être mise si bon lui semble la moitié de chacun côté de la dite roue et en ce faisant ne sera le cours de l'eau empêché par les deux pièces de la dite joue voulant que chacune pièce n'aura d'épaisseur que trois pouces ou environ, aussi que la noue est plus large à présent qu'elle ne saurait être et retient d'autant moins l'eau.

MOULIN DE SAINT-SAMSON.

2' Au moulin de Saint-Samson qu'il y a deux roues et quatre fausses brayes, et sont pareillement d'avis que lorsque les eaux sont basses et que une des roues tourne et l'autre est arrêtée, il doit y avoir une des dites fausses brayes levée de deux crotz, (le crotz est de seize centimètres) et aux grandes eaux que la ditte fausse braye doit être levée à haute voie.

Et étant les deux roues arrêtées et que l'eau est basse, il doit y avoir une des dites fausses brayes levée à quatre crotz revenant à la hauteur de deux pieds et aux grandes eaux deux des dittes brayes doivent être levées à haute voie.

MOULIN DE SAINT-JULIEN.

3. Au moulin de Saint-Julien ont trouvé qu'il y a deux roues et une fausse braye, et estiment que la ditte fausse braye doit être levée de deux crotz revenant à un pied, lorsque l'une des dites roues est arrêtée au tems que les eaux sont basses, et quand les eaux sont hautes de quatre crotz.

Et étant les deux roues arrêtées si les eaux sont basses, la ditte fausse braye doit être levée de quatre crotz, et au tems que les eaux sont grandes à haute voie.

MOULIN DE LA MOTHE.

4. Au moulin de la Mothe qu'il y a une roue et deux fausses brayes, et que étant la roue au dit moulin arrêtée lorsque les eaux sont basses, l'une des dittes fausses brayes doit être levée de deux crotz et aux grandes eaux à haute voie.

MOULIN DES BECHETS.

5. Au moulin des Bechets qu'il y a une roue et une fausse braye et au moyen que la ditte fausse braye n'est suffisante et est fort étroite, sont d'avis que aux eaux basses la ditte fausse braye doit être levée de quatre crotz lorsque la roue sera arrêtée et autant que les eaux seront grandes à haute voie.

MOULIN DU BAC.

6. Et aux regards du moulin du Bac qu'il y a deux roues et deux fausses brayes et qu'étant l'une des dittes roues arrêtée et l'autre tournant au tems que les eaux sont basses, l'une des dittes fausses brayes doit être levée deux crotz et aux grandes eaux de quatre crotz.

Et étant les dittes deux roues arrêtées, les dittes deux brayes doivent être levées de deux crotz, si les eaux sont basses, et les eaux étant grandes, l'une d'icelles brayes à haute voie, et non les deux au moyen que le moulin des Bechets le décharge de partie de son eau qui est assis sur la même chaussée.

Chaussée du milieu, ou des Tacreniers.

7. Et quant aux trois moulins à tan y ont trouvé trois roues et au premier des dits moulins une braye, et aux deux derniers deux brayes qui sont joignantes l'une l'autre et sont d'avis que lorsque les dittes roues ne tournent pas au tems que les eaux sont basses, les dittes trois brayes doivent être levées de trois crotz à cause que les dits moulins ont toute la descente de l'eau et que autant de roues qu'il y aura arrêtées, autant de brayes doivent être levées comme dessus. Et lorsque les eaux seront hautes seront les dittes brayes levées à haute voie.

Chaussée d'en bas ou inférieure.

MOULIN NEUF.

8. Au moulin neuf y a une roue et foulait y avoir une braye qui est à présent rompue qu'il convient refaire, laquelle étant refaite lorsque la roue sera arrêtée, les eaux étant basses sera levée de quatre crotz à raison que le dit moulin a la plupart de la chute de l'eau, et qu'il n'y a qu'une braye, et étant les eaux hautes à haute voie.

MOULIN DES QUATRE-MOULINS.

9. Au moulin appelé les Quatre-Moulins y a deux roues, quant aux fausses brayes sont rompues et y en foulait avoir deux qu'il convient refaire

à neuf et étant refaites, que lorsqu'une des roues du dit moulin des quatre Moulins tournera l'autre étant arrêtée tant durant les hautes que basses eaux, si les moulins à foulon qui sont sur la même chaussée ne tournaient pas, les dittes deux brayes doivent être levées à haute voie, et lorsque les dits moulins à foulon tourneront ensemble, l'une des roues du dit moulin des quatre Moulins, une des dittes brayes doit être levée à haute voie, et lorsque les deux roues appellé les quatre Moulins seront arrêtées, que les dittes deux fausses brayes seront levées à haute voie, soit que les dits moulins à foulon tournent ou non, et pour le regard des dits moulins à foulon ne peuvent être compris au présent règlement, d'autant qu'ils n'ont aucunes brayes.

Ainsi signé: Chaillou et Mathurin Lebnais, le dit Hardoin a déclaré ne savoir écrire ni signer.

Ce fait, avons ordonné et ordonnons que notre présent procès-verbal et tout ce que bon semblera aux parties, sera repris par devers nous et sera signifié à ceux qui exploitent les dits moulins tant pour eux que pour les propriétaires de mettre en nos mains ce qu'ils advisseront bon être dans huitaine, pour le fait et le tems passé sans autres significations de délais être fait droit aux dittes parties ainsi que de raison.

Fait les ans et jours susdits.

Réglement du 28 juillet 1777, pour les moulins de Saint-Sanson, de Saint-Julien et de la Motte.

MOULIN DE SAINT-SANSON.

En conséquence qu'au moulin de Saint-Sanson, lorsque les eaux sont basses, qu'une des deux roues tourne et que l'autre est arrêtée, il doit y avoir une des fausses brayes ou pelles, levée de deux crotz revenant à un pied.

Et que lors des grandes eaux la ditte fausse braye doit être levée à haute voie. Et lorsque les deux roues sont arrêtées, l'eau étant basse, il doit y avoir une des dittes fausses brayes levée de quatre crotz revenant à deux pieds, et lors des grandes eaux les dittes deux fausses brayes doivent être levées à haute voie.

MOULIN DE SAINT-JULIEN.

Lorsque les eaux sont basses et qu'une des roues est arrêtée, la fausse braye ou pelle doit être levée de deux crotz revenant à un pied, et lorsque les eaux sont hautes elle doit être levée de quatre crotz.

Les deux roues étant arrêtées, si les eaux sont basses, la ditte fausse braye doit être levée des quatre crotz, et au tems que les eaux sont grandes elle doit être levée à haute voie.

MOULIN DE LA MOTE.

Qu'au moulin de la Mote la roue étant arrêté, lorsque les eaux sont basses, la fausse braye doit être levée de deux crotz revenant à un pied, et lorsque les eaux sont grandes la ditte fausse braye doit être levée à haute voie.

Donné en la la chambre du conseil de la maîtrise des eaux et forêts au duché d'Orléans, au châtelet d'Orléans, par nous maître des dittes eaux et forêts, susdit assiste le 28 juillet 1777.

Signé: CHICOISNEAU.

Par Jacques-François Lambert, écuyer, conseiller du roi et de son altesse le duc d'Orléans, maître des eaux et forêts au duché d Orléans.

Paris, le 20 février 1821.

Ordonnance du Roi.

LOUIS, par la grâce de Dieu, Roi de France et de Navarre, à tous ceux qui ces présentes verront ; salut :

Sous le rapport de notre ministre secrétaire d'état au département de l'intérieur.

Notre conseil d'état entendu ;

Nous avons ordonné et ordonnons ce qui suit :

ARTICLE PREMIER.

Les propriétaires et fermiers des usines établies sur le Loiret, depuis le pont d'Olivet, jusqu'à celui de Saint-Mesmin, département du Loiret, sont autorisés à choisir trois commissaires qui devront être pris, l'un parmi les propriétaires des usines établies sur la chaussée inférieure, l'autre parmi ceux des usines établies sur la chaussée des Tacreniers, et le troisième parmi les propriétaires des usines situées sur la chaussée d'en haut; ils seront admis à prêter serment ; ils seront confirmés par le Préfet et renouvelés chaque année par tiers, la première et la deuxième fois par la voie du sort et ensuite à tour de rôle.

ART. 2.

Les trois commissaires concourront avec le Préfet à la nomination d'un garde qui sera assermenté; le paiement de cet agent sera acquitté par les propriétaires d'usines et des terrains riverains.

Art. 3.

Les Commissaires surveilleront le cours du Loiret et tous les moulins qui y sont établis ; ils donneront des instructions au garde soumis à leur surveillance qui, d'après leur instruction, verbalisera contre ceux qui se trouveront en contravention.

Art. 4.

Dans le cas où il y aurait des dénonciations contre le garde pour abus de pouvoir, elles devront être adressées au Préfet qui statuera ce qu'il appartiendra d'après les renseignements donnés par les commissaires.

Art. 5.

Pour ne porter aucune atteinte aux droits de propriété de chaque usine, il ne sera fait aucune ouverture autre que celles existantes sur les chaussées qui sont reconnues suffisantes pour l'écoulement des eaux ; la forme n'en sera pas changée, et tout restera dans l'état décrit au rapport des ingénieurs, du 16 messidor, an 10, sauf les cas prévus par la présente ordonnance.

Art. 6

Le déchargeoir ou fausse Braye près des moulins d'Olivet sera placé en face du courant ; son radier sera baissé de 0 m. 24 cent. et ses pieds droits seront rapprochés pour ne laisser d'ouverture que 0 m. 80 cent.

Art. 7.

S'il est reconnu après l'exécution des travaux indiqués dans l'article précédent que le gouffre situé près le pont du Boucher au-dessous de la source absorbe dans les basses eaux une portion de celles du Loiret, il sera placé aux frais des propriétaires des moulins du pont d'Olivet, au point où le Loiret verse ses eaux, une pelle qui devra être levée et fermée par le garde en temps utile ; la clef de cette pelle sera déposée entre les mains du commissaire le plus à portée du gouffre, qui devra indiquer au garde l'époque à laquelle ces manœuvres devront avoir lieu.

Art. 8.

Le déchargeoir situé vis-à-vis l'église d'Olivet sera réparé aux frais des propriétaires des moulins du pont d'Olivet, de Saint-Samson, et de Saint-Julien, les dimensions en largeur et en hauteur en seront les mêmes.

Art. 9.

A la première réquisition des commissaires, les pierres, attérissements, roseaux et bois qui existent aux approches et dans le conduit du déchargeoir dont il est question dans l'art. précédent et dans les fossés, devront être enlevés ; ces opérations auront lieu aux frais de ceux d'entre les propriétaires qui y seront obligés par leurs baux.

Les plantations que se seront permis quelques propriétaires de la commune d'Olivet contre le vœu de la loi et qui gênent le cours de l'eau en obstruant ce déchargeoir seront également détruites.

Art. 10.

Les opérations du curage et volinage dans les fossés jurés seront également faites sous la surveillance du garde par les propriétaires des moulins Mainville et Saint-Julien, chacun pour les longueurs auxquelles ils sont astreints.

Art. 11.

Tous les déchargeoirs mouvants qui ont besoin de réparations seront mis en état à la première réquisition des commissaires, et tous ceux qui existent dans l'intérieur des moulins seront reportés à l'extérieur, afin que le garde puisse s'assurer en tout temps si les pelles sont levées ou baissées comme elles doivent l'être.

Art. 12.

Comme il ne doit être plus construit de déchargeoir dans l'intérieur des bâtiments, tous ceux qui se trouvent masqués seront mis de suite à découvert.

Art. 13.

Lorsque les moulins de la chaussée inférieure arrêteront, les vannes des déchargeoirs de ces usines devront être levées d'un trou, c'est-à-dire d'un pied, et les sieurs Martin, Moret, Solin et la dame Couvreux, qui, aux termes de leurs anciens baux, doivent en avoir, devront les lever d'autant de trous qu'il y aura de moulins arrêtés sur cette chaussée ; lors des crues, les vannes de ces déchargeoirs seront levées à haute voie.

Art. 14.

Afin de s'assurer sur la chaussée d'en bas si l'eau reflue de manière à gêner les mouvements des usines des Tacreniers, et à porter préjudice aux propriétaires riverains ; il sera placé dans l'endroit le plus apparent de chacune des usines de cette même chaussée ayant seulement des déchargeoirs une pierre de taille sur laquelle devra être gravé un repère qui servira à déterminer d'une manière invariable la hauteur que doit avoir l'eau sur le radier du déchargeoir.

Art. 15.

Afin de mettre un terme aux plaintes des propriétaires des usines situées sur les chaussées supérieures et inférieures, au sujet des eaux que les propriétaires de la chaussée du milieu ou des Tacreniers se permettent de retenir en barrant avec une planche le déchargeoir fixe, appelé vulgairement grande braye, qui traverse cette dernière chaussée à cinquante-trois mètres de son origine, il sera placé, en amont des moulins de cette chaussée, un repère dont la hauteur sera la même que le niveau du radier de ce déchargeoir.

Art. 16.

Afin de prévenir toutes réclamations à l'avenir, les vannes de décharge devront être dérasées sur toutes les chaussées à la hauteur des repères.

Art. 17.

Lorsque la hauteur des eaux dépassera celle des repères, ce qui occasionnera nécessairement un engorgement, effet qui sera produit par la clôture du grand déchargeoir des Tacreniers, le garde sera tenu de dresser procès-verbal contre les délinquants.

Art. 18.

Pour qu'il puisse être exercé une surveillance continuelle par les commissaires et le garde, il devra être établi, aux frais des propriétaires qui doivent passage dans leurs usines, des ponts de service extérieurs, à ce que les bêtes de somme portant sacs ne puissent y passer pour pénétrer dans un autre moulin; le garde devra, dans cette occasion, exercer la plus grande surveillance et verbaliser contre ceux qui feraient autrement que par les tours le transport de leurs grains ou marchandises.

Art. 19.

Le volinage et curage de tous le cours du Loiret, y compris les fontaines qui sont murées et les fossés dont le volume d'eau diminue en raison de l'encombrement qui peut exister, seront faits au moins deux fois l'année, savoir : du 15 mai au 1er juin et du 15 septembre au 30 du même mois par les propriétaires ou fermiers des moulins d'après les charges de leurs baux; cette opération terminée, le garde, accompagné au moins d'un commissaire, devra se porter sur tous les points, afin de s'assurer si le travail est bien fait et ordonner que celui qui se trouve incomplet soit terminé de suite.

Art. 20.

Dans le cas où les propriétaires ou fermiers des usines se trouveraient dans la nécessité de déposer les immondices qui proviendraient du curage et du volinage, sur les bords du Loiret ou fontaines ou courants, les riverains seront tenus de le souffrir, à la charge par ceux qui les auront déposés de les faire enlever dans les deux jours qui suivront pour tout délai, et de payer en outre les dommages qui auraient pu avoir lieu et dont les parties conviendront entre elles de gré à gré, sinon par devant les commissaires.

ART. 21.

Il ne pourra être fait aucune réparation, changement au radier de la roue de chaque moulin ou à leur déchargeoir, sans y appeler un des commissaires, les propriétaires ou fermiers des usines établies sur la chaussée et le garde qui constatera que dans l'exécution des dites réparations, il n'a été apporté aucun changement aux ouvertures et hauteurs des radiers des roues ou des déchargeoirs.

ART. 22.

Dans le cas où il y aurait des réparations à faire aux moulins et autres bâtiments situés sur les différentes chaussées qui pourraient amener la nécessité de détourner les eaux ou de construire un bâtardeau, les propriétaires seront tenus de les faire exécuter dans le délai de cinq jours; ce délai étant expiré, ils paieront par jour une indemnité à chaque moulin qui chômera par cause de ces réparations; cette indemnité sera réglée par les commissaires.

Il est fait défense, sous quelque prétexte que ce soit, de détériorer ou d'endommager le bâtardeau dont les réparations rendraient l'exécution nécessaire à peine de payer tels dommages ou intérêts qu'il appartiendra.

ART. 23.

Tous les attirails ou engins de pêche établis dans les déchargeoirs considérés comme voie publique, non fondés en titre, seront détruits à la première réquisition des commissaires; dans le cas de récidive, le garde en fera la saisie et dressera procès-verbal contre le délinquant.

ART. 24.

Les accrues ou attérissements situés au couchant de l'île des Tacreniers pouvant resserrer le cours de l'eau et par conséquent apporter des dommages aux usines qui sont établies en face, les propriétaires de la chaussée des Tacreniers et ceux de la chaussée inférieure seront tenus de procéder au bornage de cette île conjointement avec la dame Faucheux.

Ce bornage partira de l'angle du midi et ira se terminer à l'angle du nord, les terres seront relevées sur ladite île et les bornes en pierre seront posées de manière à ne pouvoir être enlevées.

ART. 25.

Les dispositions de l'arrêté du 2 septembre 1811, par lequel le Préfet enjoint aux propriétaires de deux moulins à nef placés à l'embouchure du Loiret, de se réunir de suite aux autres moulins à nef placés sur la Loire, en aval du pont d'Orléans, sont maintenus par la présente ordonnance.

ART. 26.

Dans le mois qui suivra la notification de la présente ordonnance, M. l'ingénieur de l'arrondissement et les trois commissaires accompagnés du garde feront une tournée générale sur le cours du Loiret, à partir du gouffre jusqu'à son embouchure dans la Loire, à l'effet: 1° de s'occuper du règlement des eaux, tel qu'il est spécifié aux articles 15 et 16 de l'ordonnance 2° de constater l'état des chaussées et cours des moulins et d'ordonner de suite les réparations de celles qui sont en mauvais état aux frais de ceux auxquels ils appartiennent; 3° de reconnaître si les dimensions, hauteur et largeur des radiers, des roues et déchargeoirs, sont les mêmes que celles portées aux pages 17 et 18 du rapport des ingénieurs du 16 messidor an 10; 4° de signaler ou de décrire les grèves et attérissements qui existent et gênent le cours de la rivière, lesquels seront enlevés aux frais des propriétaires d'usines pour ce qui se trouve compris depuis le gouffre jusqu'au pont de Saint-Mesmin, et depuis ce pont jusqu'à l'embouchure dans la Loire, à ceux des propriétaires riverains.

ART. 27.

Il ne sera fait à l'avenir aucune plantation d'arbres le long du Loiret ou des cours d'eau qui y affluent plus près de deux mètres de leurs bords, à peine d'amende, et d'être lesdits arbres arrachés à la première injonction des commissaires sous la surveillance du garde.

ART. 28.

Les commissaires réfèreront au préfet de tout ce qui excédera les bornes de leur compétence, pour être statué ce qu'il appartiendra d'après les ordonnances de 1669 et de février 1787 concernant les moulins assis sur les Mauves de Meung, les règlements de police du prévôt d'Orléans du 15 septembre 1604, et de ceux des eaux et forêts de 1732 et 1777.

ART. 29.

Les frais de visite et d'opérations pour parvenir à l'exécution des articles de la présente ordonnance et toutes les dépenses jugées nécessaires et devoir être collectives, seront acquittées par chaque propriétaire, proportionnellement au produit réel de son usine d'après les baux de 1790.

Notre ministre secrétaire d'état au département de l'intérieur est chargé de l'exécution de la présente ordonnance.

Donné aux Tuileries, le 21 février 1821.

Arrêté de M. le Préfet du Loiret du 1er août 1821.

Nous, Préfet du département du Loiret,

Vu l'article 26 de l'ordonnance du roi du 20 février 1821, contenant règlement des usines sur la rivière du Loiret, ledit article ainsi conçu : « Dans le
« mois qui suivra la notification de la présente ordonnance, l'ingénieur de
« l'arrondissement et les trois commissaires accompagnés du garde feront une
« tournée générale sur le cours du Loiret, à partir du gouffre jusqu'à son
« embouchure dans la Loire, à l'effet :

« 1° De s'occuper du règlement des eaux tel qu'il est spécifié aux art. 15 et
« 16 de l'ordonnance ; 2° de constater l'état des chaussées et cours des moulins
« et d'ordonner de suite la réparation de celles qui sont en mauvais état, aux
« frais de ceux auxquels elles appartiennent ; 3° de reconnaître si les dimen-
« sions, hauteurs et largeurs des radiers des roues et déchargeoirs sont les
« mêmes que celles portées aux pages 17 et 18 du rapport de l'ingénieur, du
« 16 messidor an 10 ; 4° de signaler et de décrire les grèves et attérissements
« qui existent et gênent le cours de la rivière, lesquelles sont enlevées aux
« frais des propriétaires d'usines, pour ce qui se trouve compris depuis le
« gouffre jusqu'au pont de Saint-Mesmin, et depuis ce pont jusqu'à l'embou-
« chure dans la Loire à ceux des propriétaires riverains. »

Vu le procès-verbal de visite de ces usines fait le 24 mai dernier en exécution de cet article par MM. Patas d'Illiers, Lemaigre et Benoist Merat, commissaires, et Lacave, ingénieur ordinaire des ponts-et-chaussées à la résidence
d'Orléans.

Considérant que les propositions qui terminent le procès-verbal ont pour objet
de remplir le vœu de l'ordonnance royale précitée, que leur exécution est
nécessaire dans l'intérêt général des usines et qu'il y a lieu, par conséquent, de
l'ordonner ; arrêtons ce qui suit, conformément aux propositions textuelles du
procès-verbal de visite précitée.

ARTICLE PREMIER.

Il sera fait une nouvelle visite des cours d'eau et des usines dont il s'agit, du
premier au trente août, pour examiner les accrues et attérissements tant du
Loiret que de ses affluents, dont l'enlèvement sera jugé nécessaire, constater
les réparations à faire aux digues et chaussées et faire des observations nou-
velles pour les règlements d'eau à proposer. L'époque de la visite sera toute-
fois fixée après avoir consulté les commissaires sur l'état des eaux du Loiret.

ART. 2.

A cette époque, les repères, prescrits par les art. 14 et 15 de l'ord°, en amont
des chaussées du milieu et d'en bas, seront posés à la diligence des commissai-

res, c'est-à-dire formés par un goujon de fer carré de 0 m. 20 cent. de longueur implanté de 0 m. 12 cent. dans un trou pratiqué dans les pierres de taille désignées par les commissaires et l'ingénieur des ponts-et-chaussées ; il en sera en outre posé de la même manière aux moulins des chaussées supérieures, et en aval des chaussées des Tacreniers et d'en bas pour juger du regard que les roues de ces chaussées peuvent souffrir.

Art. 3.

Conformément à la proposition à nous faite par MM. les Commissaires, le 9 juin dernier, en vertu de l'article 12 de l'ordonnance, le sieur Arnould-François Bruno est institué garde du Loiret et demeure chargé de veiller à ce qu'il ne se fasse aucun changement à un des moulins, sans l'autorisation administrative, de prévenir MM. les Commissaires des plantations qui se feraient sur des attérissements du Loiret, et de faire lever les vannes de déchargeoirs quand celles des roues seront baissées, suivant les usages en vigueur et les dispositions de l'article 13 de l'ordonnance précitée, qui seront exécutées de la manière suivante, savoir : le meunier du sieur Poulin sera tenu de lever d'un trou de plus la vanne du déchargeoir de la veuve Couvreux quand il arrêtera, le meunier du moulin du sieur Benoist Merat lèvera de la même quantité la vanne du déchargeoir du moulin du sieur Lottin, le meunier de la veuve Faucheux lèvera la vanne du déchargeoir du sieur Moret de la même manière.

Et enfin celui du moulin du sieur Creusillet lèvera également la vanne du déchargeoir du sieur Martin.

Le tout sans préjudice des observations que doivent remplir les meuniers de ces moulins à déchargeoir, lorsque ce sera le propriétaire qui sera arrêté.

Art. 4.

La circulation sur les chaussées et l'abordage aux déchargeoirs des moulins seront libres à toute heure et praticables sans faire usage de clefs.

Cette disposition s'applique aux moulins du pont d'Olivet, de Saint-Samson, de Saint-Julien, du sieur Lemaigre et de la veuve Couvreux, les seuls où cette communication éprouve quelques difficultés.

Art. 5.

Afin d'assurer l'exécution de l'article précédent, les dispositions suivantes auront lieu pour le moulin du pont d'Olivet, le passage sera laissé libre dans les prés, en amont du pont, en établissant une passerelle sur le courant qui se forme en hiver sur l'arche en bois du pont ; ou la descente sera rendue facile par les talus adossés au pont en aval, en y mettant une rampe.

Pour le moulin de Saint-Samson, la porte du côté de la rive gauche ne sera jamais fermée, et la petite porte qui empêche de voir la seconde roue sera rapportée plus loin.

Pour le moulin de Saint-Julien, le passage sera rendu facile et commode sur une largeur de trois pieds en abattant quelques arbres qui le gênent en aval du moulin, en établissant des rampes solides aux ponts qui passent devant les roues du moulin, prolongeant le pont qui arrive en face du déchargeoir dans la partie ouverte du bâtiment jusqu'à la vanne du déchargeoir.

Pour le moulin du sieur Lemaigre, chaussée des Tacreniers, il sera construit une passerelle avec une rampe sur la grande braie, et le passage sera livré sur la chaussée jusqu'aux bâtiments du moulin en amont desquels sera également construit une passerelle sur des consoles en fer avec une rampe solide.

Pour celui de la dame Couvreux, chaussée d'en bas, il sera construit le long de la face sud de son bâtiment sur des consoles de fer, un pont qui arrive à l'angle *est* de ce bâtiment, franchira l'espace entre cet angle et la chaussée, le tout aux frais des propriétaires qui doivent passage, aux termes de l'article 18 de l'ordonnance.

Art. 6.

Dans le mois qui suivra la notification du présent arrêté, les propriétaires des moulins de l'article 5 devront avoir commencé les travaux nécessaires pour l'exécution des dispositions dudit article, chacun en ce qui le concerne, et les avoir finis au plus tard dans les deux mois suivants, à peine d'être poursuivis comme contrevenants à l'ordonnance royale du 20 février dernier, et condamnés à payer le montant de la dépense telle qu'elle sera évaluée par un devis administratif dûment approuvé, d'après lequel les travaux seront effectués sous la direction de l'autorité administrative.

Art. 7.

Expédition du présent arrêté sera adressée à MM. les commissaires des usines pour être notifié par eux aux propriétaires y désignés ; il en sera également transmis expédition à M. l'ingénieur en chef du département.

Fait à la préfecture du département du Loiret, à Orléans, le premier août 1821.

Le Préfet du Loiret, Signé : le Vte DE RICCÉ.

Orléans. — Imp. Georges MICHAU et Cie